FAMOUS OPERA ARIAS

for

SOPRANO

with

PIANO ACCOMPANIMENT

MUSIC MINUS ONE

SUGGESTIONS FOR USING THIS MMO EDITION

WE HAVE TRIED to create a product that will provide you an easy way to learn and perform these arias with piano accompaniment in the comfort of your own home. The following MMO features and techniques will help you maximize the effectiveness of the MMO practice and performance system:

The compact disc included with this edition features CD+G graphics encoding so that, with a CD+G-capable player, you can view the lyrics in real-time on a television monitor. This can be used as a visual cueing system, especially valuable after the solo part has been learned, during performance.

Because it involves a fixed accompaniment performance, there is an inherent lack of flexibility in tempo and cadenza length. We have observed generally accepted tempi, and always in the originally intended key, but some may wish to perform at a different tempo, or to slow down or speed up the accompaniment for practice purposes; or to alter the piece to a more comfortable key. You can purchase from MMO specialized CD players & recorders which allow variable speed while maintaining proper pitch, and vice versa. This is an indispensable tool for the serious musician and you may wish to look into purchasing this useful piece of equipment for full enjoyment of all your MMO editions.

We want to provide you with the most useful practice and performance accompaniments possible. If you have any suggestions for improving the MMO system, please feel free to contact us. You can reach us by e-mail at *info@musicminusone.com*.

CONTENTS

4015

DIE ZAUBERFLÖTE, Act II
"Ach, ich fühl's"

W.A. Mozart
(1756-1791)

Seh - nen, so wird Ru - he, so wird

Ruh im To - de sein, so wird Ruh im To - de

sein, im To - de sein, im To - de sein.

7

MMO 4015

LE NOZZE DI FIGARO, Act II

"Deh vieni, non tardar"

W.A. Mozart
(1756-1791)

LA BOHEME, Act I
"Mi chiamano Mimi"

Giacomo Puccini
(1858-1924)

co - se che han no - me po - e - si - a. Lei m'in - ten - de?

Lentamente

Mi chia - ma - no Mi - mi, il per - che non

Allegretto moderato
con semplicità

so. So - la, mi fo il pran - zo da me stes - sa. Non.

va - do sem - pre_a mes - sa ma pre - go_as - sai_il Si - gnor. Vi - vo

so - la, so - let - ta, là_in u - na bian - ca ca - me -

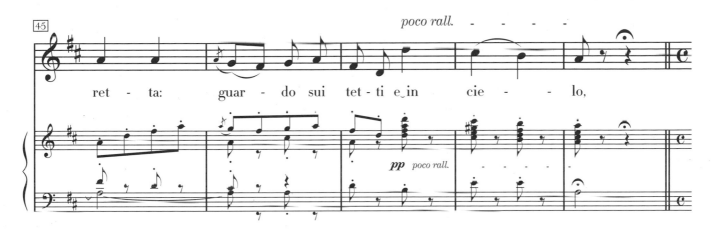

ret - ta: guar - do sui tet - ti e_in cie - lo,

Andante molto sostenuto

ma quan - do vien lo sge - lo il pri - mo so - le_è

mi - o,_____ il pri - mo ba - cio del - l'a -

16

MMO 4015

Tempo I°, ma calmo

Ma i fior ch'io fac - cio, ahi - mè!___ i fior ch'io fac - cio, ahi - mè, non han - no o - do - re!

Al - tro di me non le sa - prei nar - ra - re:

so - no la sua vi - ci - na che la vien fuo - ri d'o - ra a im - por - tu - na - re.

senza regore di tempo
con naturalezza

MADAMA BUTTERFLY, Act II

"Un bel dì"

Giacomo Puccini
(1858-1924)

e_a - spet - to gran tem - po e non mi pe - sa

la lun - ga_at - te - sa. E_u - sci - to dal - la

fol - la cit - ta - di - na_____ un uo - mo, un pic - ciol

pun - to s'av - via per la col - li - na._____

Andante come prima
51
(con forza)
ri - - - re al pri - mo in con - tro, ed
con molta passione
ff
53
e - gli al - quan - to in pe - na chia - me - rà, chia - me - rà: Pic -
p
55
ci - na mo - gliet - ti - na o - lez - zo di ver - be - na, i
pp
57
no - mi che mi da - va al suo ve - ni - re.
m.d.
cresc.

LA TRAVIATA, Act 3

"Addio, del passato"

Giuseppe Verdi
(1813-1901)

OTELLO, Act IV

"Ave Maria"

Giuseppe Verdi
(1813-1901)

det - ta, di tue ma - ter - ne vi - sce - re: Ge - sù!

Pre - ga per chi a - do - ran - do a te si pro - stra,

pre - ga___ pel pec - ca - tor, per l'in - no - cen - te,

e pel de - bo - le op - pres - so e pel pos - sen - te, mi - se - ro an -

ch'es - so,   tua pie - tà di - mo - stra.

Pre - ga per chi sot - to l'ol - trag - gio pie - ga la fron - te_e

sot - to la mal - va - gia sor - te;   per   noi, per noi tu

pre - ga,   pre - ga,— sem - pre e nel - l'o - ra del - la—

DIE FREISCHÜTZ, Act III

"Und ob die Wolke sie verhülle"

Carl Maria von Weber
(1786-1826)

Und ob die Wol - ke sie___ ver -

hül - le, die Son - ne bleibt am Him - mels - zelt:___ es wal - tet

dort ein heil' - ger Wil - le, nicht blin - dem

wahr, das Au - ge, e - wig rein und klar, nimmt

Al - ler lie - bend wahr.

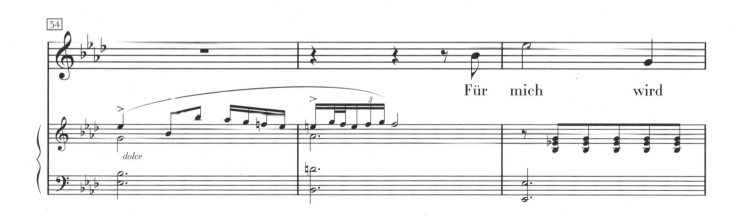

Für mich wird

auch der Va - ter sor - gen, dem

kind - lich Herz und Sinn ver - traut,___ und wär dies___

auch mein letz - ter___ Mor - gen, rief' mich sein

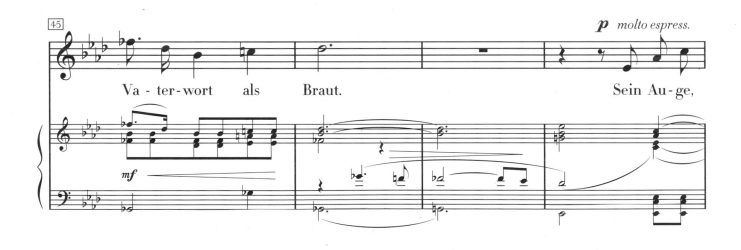

Va - ter-wort als Braut. Sein Au - ge,

e - wig rein___und klar, nimmt mei - ner auch mit Lie - be

wahr, sein_ Au - ge, e - wig rein und klar, nimmt

dolce

mei - - - - - - ner_ auch_____ mit_ Lie - be_

wahr, sein_ Au - ge, e - wig_ rein_ und_ klar, nimmt

mei - ner lie - bend wahr.

GIANNI SCHICCHI

"O mio babbino caro"

Giacomo Puccini
(1858-1924)

LOUISE

"Depuis le jour"

G. Charpentier
(1860-1956)

42

44

FALSTAFF, Act III
"Sul fil d'un soffio etesio"

G. Verdi
(1813-1901)

50

Come prima

MMO 4015

O - gni co-rol - la_in co - re_____ Por - ta la sua for -

tu - na.   Coi gi - - gli e le vi -

o - le Scri - viam__ de' no - - mi_ar - ca - - ni,

Dal - le fa - - te ma - ni_____ Ger - mo - gli - no pa -

LA BOHÈME, Act II
"Quando me'n vo'"

Giacomo Puccini
(1858-1924)

56

MMO 4015

MANON, Act II

"Adieu, notre petite table"

J. Massenet
(1842-1912)

A - dieu, no - tre pe - ti - te ta - ble! Un mê - me ver - re é - tait le

nô - tre, Chac - un de nous quand il bu - vait Y cher - chait

les lè - vres de l'au - tre. Ah! pau - vre a - mi, comme il m'ai - mait! A - dieu,

no - tre pe - ti - te ta - ble! A - dieu!

FAUST, Act III

"Ah! Je ris de me voir Si belle en ce miroir"

(Jewel Song)

Charles Gounod
(1818-1893)

Ah! je ris____ de me voir Si belle en ce mi-

roir... Est - ce toi,____ Mar - gue-

ri - te, Est - ce toi? Ré - ponds - moi,

ré - ponds - moi, ré - ponds, ré - ponds, ré - ponds vi - te!

Non!   non!   ce n'est plus   toi!..

non...   non, Ce n'est plus ton vi - sa - ge;

C'est la fil - - - le d'un   roi,

C'est la fil - - - le d'un   roi!

Ce n'est plus toi, Ce n'est plus toi,_____ C'est la

fil - le d'un roi, Qu'on sa - lue au pas - sa - -

ge! Ah s'il é - tait i - ci! S'il me vo -

yait ain - si! Comme u - ne de - moi - sel - le

Il me trou-ve-rait bel - le, Ah!_____

_____ Comme u - ne de - moi - selle Il me trou - ve - rait

bel - le, Comme u - ne de - moi - selle Il me trou - ve - rait bel -

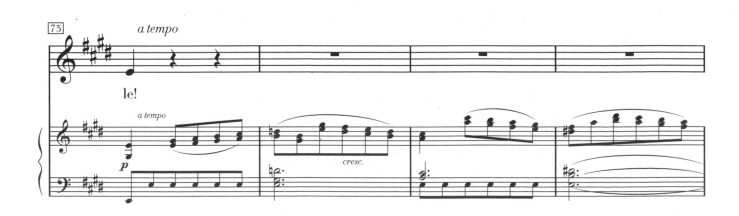

le!

A - che - vons la mé - ta - mor -

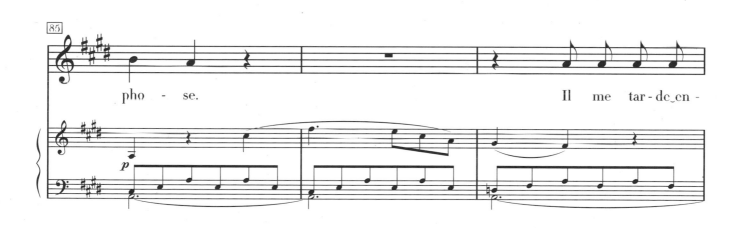

pho - se.　　　　Il me tar - de en -

Poco più lento

cor d'es - say - er Le bra - ce - let et le col - lier!

Poco più lento

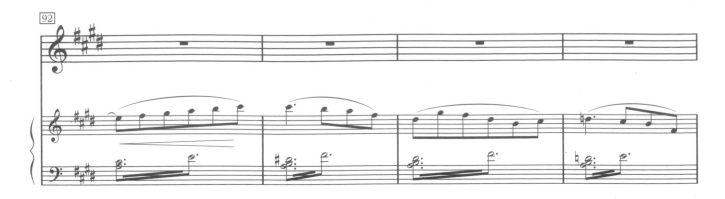

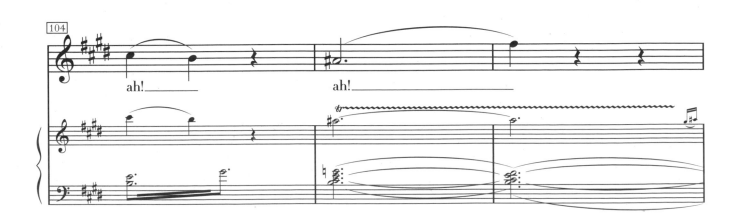

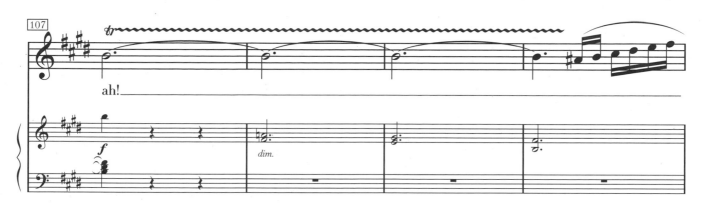

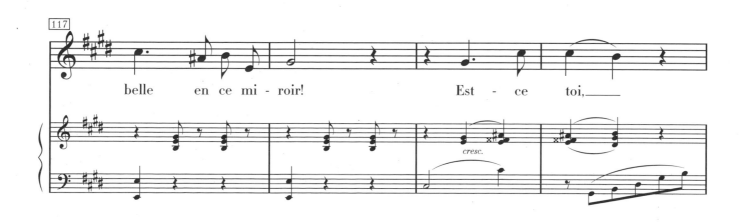

Mar - gue - ri - te, Est - ce toi?

Ré - ponds - moi, ré - ponds - moi, ré - ponds, ré - ponds, ré - ponds

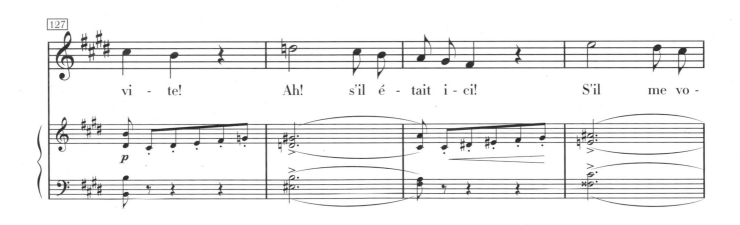

vi - te! Ah! s'il é - tait i - ci! S'il me vo -

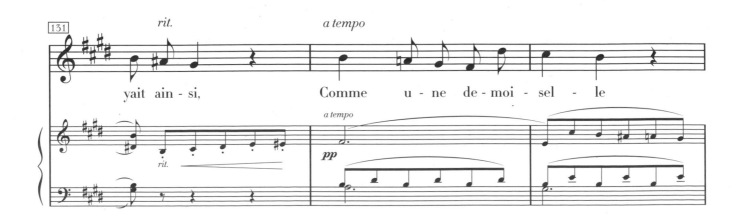

yait ain - si, Comme u - ne de - moi - sel - le

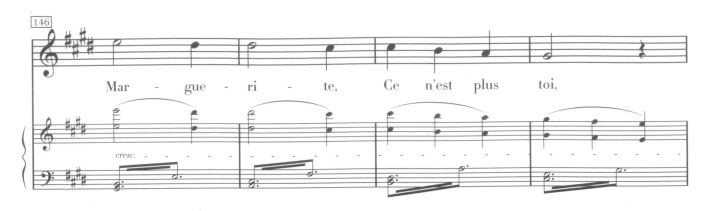

Mar - gue - ri - te, Ce n'est plus toi,

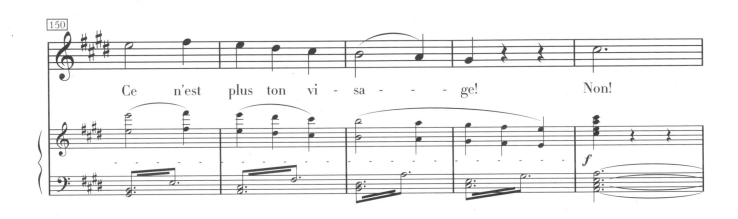

Ce n'est plus ton vi - sa - - - ge! Non!

c'est la fil - le d'un roi,_____ Qu'on sa -

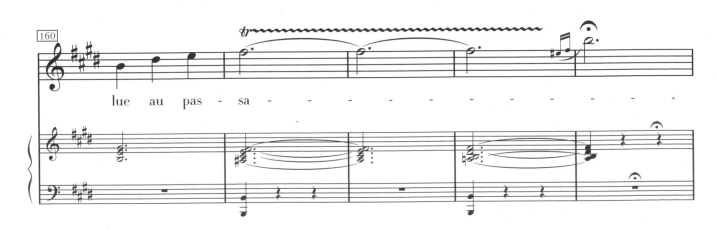

lue au pas - sa - - - - - - - - - -

Engraving: Wieslaw Novak

MMO 4015

MUSIC MINUS ONE
50 Executive Boulevard
Elmsford, New York 10523-1325
1.800.669.7464 (U.S.)/914.592.1188 (International)

www.musicminusone.com
e-mail: info@musicminusone.com

MMO 4015   Pub. No. 00881   Printed in Canada